这是真的吗

让你跌破眼镜的游戏

[美]雷普利公司 编

曹春霞 译

浙江少年儿童出版社·杭州

生日快乐

生日蛋糕一般都有特殊的造型，但你绝对想不到艺术糕点师竟然还能做出巨龙造型的香草巧克力蛋糕！

沿着路线走一走，看看谁能吃到中间这个美味的生日蛋糕。

疯狂的运动

美国人布鲁斯·克勒维耶可以用一根手指转篮球超过22个小时！

你了解右边的这些运动项目吗？查一查它们对应的英文单词，然后根据下图中提示的字母和空格数，把它们填在方格中。

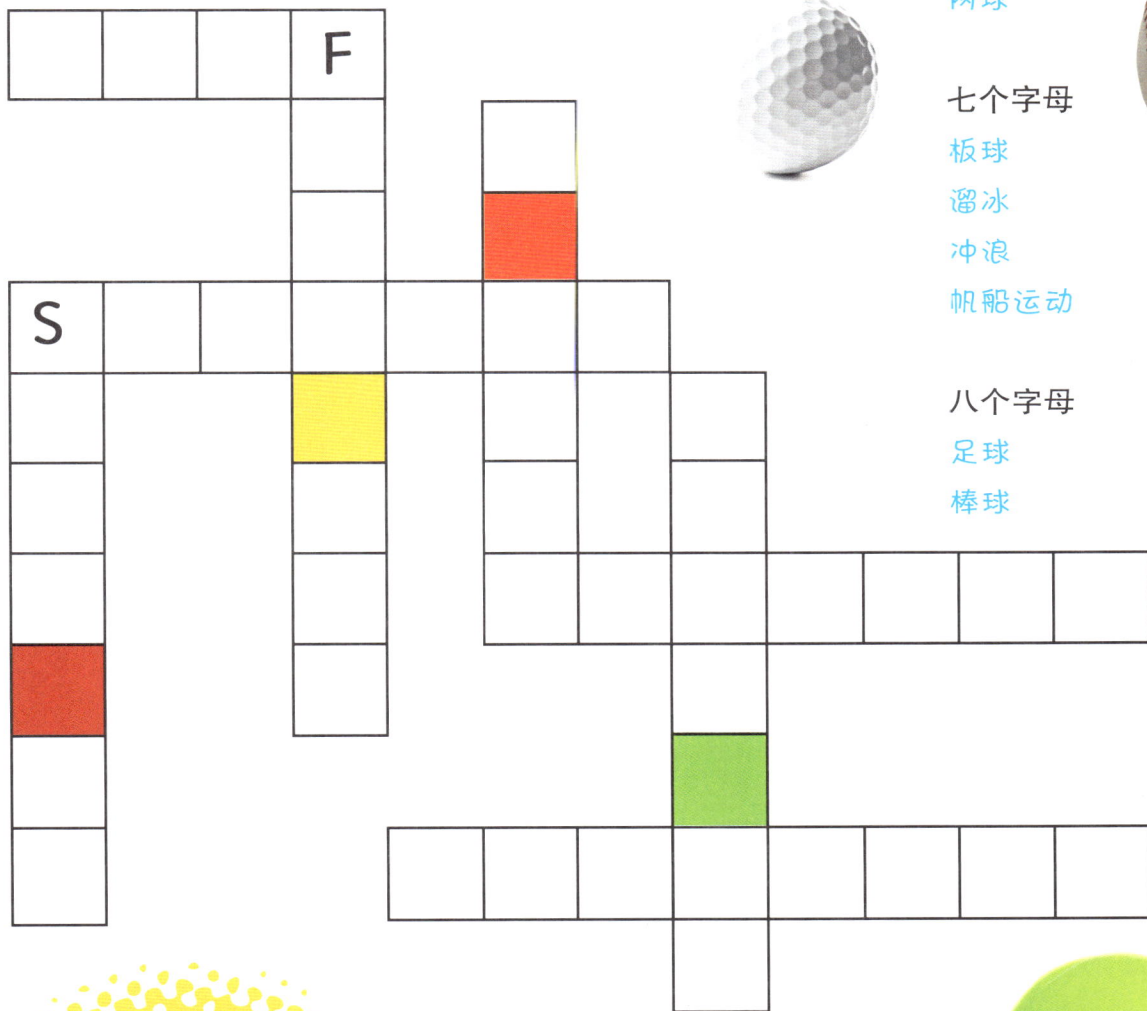

四个字母
高尔夫

六个字母
网球

七个字母
板球
溜冰
冲浪
帆船运动

八个字母
足球
棒球

答案见第30页。

这是真的吗？

在墨西哥有一种"下山"比赛，参赛者需要利用一种运动器材冲刺下山，其间可能要穿过建在山上的各种建筑，还要上下数级台阶。

他们在比赛时用的什么器材？将上面着色方格中的字母填入右边，就能得到答案。

答案

好玩的气球

气球艺术家杰森·哈克沃斯用上千个气球制作了一株巨型植物。

沿着绳子找一找，哪个小朋友拿到了红色的气球，哪个小朋友的气球破了。

砰！

巨型甜甜圈

在澳大利亚，人们制作出了一个用90000个甜甜圈堆成的巨型甜甜圈。这个巨型甜甜圈有两头犀牛那么重！

找出通过迷宫的正确路线，帮图中的小朋友吃到中间那个美味的甜甜圈。

↑起点

答案见第30页。

这是真的吗？

费奥多尔·马凯诺夫出生于1878年，他一顿早饭要吃掉20个鸡蛋和8块面包，被称作"俄罗斯巨人"。

啄木鸟之谜

解开下面的数字代码，看看右边这幅漫画讲述的是怎样的故事。

下面的每一个数字都对应一个字母，参照解码表将正确的字母填在横线上。查阅英文字典，了解故事大意。

22 3 6 16 12 1 6 22 1 22
_____

8 24 7 12 5   1 26 9 1
_____

26 7 12 10 15 21   23 24 24 5 17 16 3 4 16 15 22
_____

26 9 5   17 16 3 4 16 5   24 18 16 15 **200**
_____

26 24 2 16 22   6 12   1 26 16   8 24 9 11
_____

6 12 22 7 2 9 1 6 24 12 24 12   1 26 16 22 17 3 16
_____

22 26 7 1 1 2 16   5 6 22 3 24 18 16 15 21 , 22
_____

8 7 16 2   1 9 12 4   22 24 9   12 22 9
_____

23 24 15 4 16 15 20 24 7 10 26 1 **6** 17 2 9 22 1 6 3
_____

24 23 2 22   1 24   22 3 9 15 16   1 26 16 11   9 23 9 21 !
_____

A	B	C	D	E	F	G	H	I	J	K	L	M
9	20	3	5	16	8	10	26	6	13	4	2	11
N	O	P	Q	R	S	T	U	V	W	X	Y	Z
12	24	17	19	15	22	1	7	18	23	25	21	14

答案见第30页。

穿毛衣的企鹅

这些可爱的企鹅为什么穿着毛衣？原来在2011年，新西兰海域附近的石油泄漏，大量的企鹅身上沾到了石油。为了防止它们吞下石油，人们给它们穿上了这些不影响活动的小毛衣。

找出每只企鹅的毛衣分别是用哪个毛线球织成的，然后给毛线球涂上相应的颜色。

一起来刷牙

美国的牙医瓦尔拥有令人难以置信的牙膏收藏品，其中包括一些有特殊香味的，比如咖喱味和竹子味的牙膏。

想知道他到底有多少种牙膏吗？删掉下面带相同数字的牙刷，剩下的那个就是正确答案。

1300

440

60

500

805

300

60

805

1000

45

1800

300

250

45

1300

1000

250

500

440

答案见第30页。

疯狂马戏团

莫斯科有一家猫剧院，里面的猫会扔球、倒立，甚至还会走钢丝！

你能发现下面两幅马戏团场景画的10处不同吗？请圈出来。

这是真的吗？

美国加利福尼亚有一只会潜水的猫，名叫鹰眼。它曾穿着特殊的潜水服在水下游了一个小时。

这只调皮的老鼠偷偷地跑到了下面那幅画里，你能找到它吗？

答案见第30页。

9

仓鼠趣闻

无论你多爱你的宠物，它们有时候还是会做一些令你无可奈何的事情。

参照解码表，破解下面的数字代码，再借助英文字典看看这几张图片分别讲述了怎样的故事。

这是真的吗？

英国的皮特·阿什想出了一种方法，把自己的手机和宠物仓鼠的运动轮连在了一起。当仓鼠在运动轮上跑步的时候，就可以给皮特的手机充电。

图1

| 96 | 64 | 72 | 49 | | 22 | 64 | 72 | | 55 | 51 | 67 | 67 | 85 | 49 | 74 |

89 82 67 85 86 38   67 92 77 72 29

64 92 51 74 72   22 64 72 38

86 92 74 22   22 64 72 85 68   27 72 22

64 82 67 74 22 72 68 .

图2

82 89 72 96   38 72 82 68 74   86 82 22 72 68

22 64 72 38   67 92 77 72 29   82 84 82 85 49

82 49 29   22 64 72 38   74 22 85 86 86

64 82 29 49 , 22   89 92 51 49 29

22 64 72 85 68   64 82 67 74 22 72 68 .

答案见第30页。

图3

85 22 22 51 68 49 72 29 92 51 22
__ __ _____ _____
I T   T U R N E D   O U T

96 64 72 49 22 64 72 38
_____ _____
W H E N   T H E Y

67 92 77 72 29 74 92 29 85 29 ,
_____ _____ _____
M O V E D ,   S O   D I D

22 64 72 85 68 27 72 22 !
_____ _____
T H E I R   P E T !

51 74 85 49 84 22 64 72 74 92 89 82
_____ _____ _____
U S I N G   T H E   S O F A

82 74 82 49 72 74 22 ...
_____ __ _____
A S   A   N E S T ...

64 72 64 82 29 31 72 72 49
_____ _____ _____
H E   H A D   B E E N

74 49 72 82 79 85 49 84 92 51 22 82 22
_____ _____ _____
S N E A K I N G   O U T   A T

49 85 84 64 22 22 92 89 72 72 29
_____ _____ _____
N I G H T   T O   F E E D

89 68 92 67 22 64 72 85 68
_____ _____
F R O M   T H E I R

92 22 64 72 68 27 72 22 74 ,
_____ _____
O T H E R   P E T S ,

31 92 96 86 74 .
_____
B O W L S .

图4

A	B	C	D	E	F	G	H	I	J	K	L	M
82	31	55	29	72	89	84	64	85	43	79	86	67

N	O	P	Q	R	S	T	U	V	W	X	Y	Z
49	92	27	60	68	74	22	51	77	96	99	38	53

11

食物大比拼

吃腻了平时吃的那些食物？看了下面这些不同寻常的食物，你可能就不会这么想了！

根据提示，把这些奇怪的食物和它们来自的国家连起来。

这是真的吗？
考古学家发现，早在公元前6000年人类就会做汤了，而且还是用河马煮成的汤！

提示
这是一种用动物的唾液做成的汤。

中国

卡苏马苏
里面有蠕动的蛆虫的奶酪

提示
这是一种闻着非常臭，夹在三明治里吃却非常美味的食物。

意大利

麝香猫咖啡
由猫屎制成的咖啡

提示
这是一道有很多条腿的菜肴。

柬埔寨

燕窝汤
内含鸟的唾液

提示
这是一种有点难闻的液体。

印度尼西亚

油炸蜘蛛
美味又松脆

答案见第30页。

想逃跑的熊

胡安是一只眼镜熊，它不想待在德国柏林的动物园里，就想出了一个巧妙的逃亡计划。

首先，它用一块木头当作木筏漂过了住所边的水域。

接着，它爬过了一座高墙。

然后，它发现了一辆自行车，准备骑着它离开。

可就在这时，它被镇静剂射中，被带回了家。

终点

快帮助这头勇敢的熊躲避狮子和动物园管理员，成功地走出迷宫吧！

答案见第30页。

汽车迷宫赛

这些造型奇特的车，一定会成为马路上一道亮丽的风景线。

在这场汽车迷宫赛中，哪一辆车能够成功地到达终点呢？沿着他们开过的轨迹找一找吧！

涡轮增压式甲壳虫汽车有一个喷气发动机，真酷！

鱼形汽车有漂亮的流线造型，真可爱！

这辆微型车只有1.37米长，简直不可思议！

砰砰

砰

终点

趣味动物谜语

在我们的地球上，生活着成千上万种动物！

根据提示，猜一猜下面的每一条说的是哪种动物，然后查出它们的英文名填入下面的方格内。

横排

1. 一种身体很长，可以在地上滑行的动物。

3. 经常被叫作"丛林之王"。

4. 一种全天在水中度过的大型非洲哺乳动物。

5. 海洋哺乳动物，是现存最大的生物。

6. 一种生活在丛林中的有条纹的猫科动物，喜欢游泳。

纵排

2. 陆地上现存最大的动物。

4. 捕食时，飞得很快的猛禽。

7. 水下最凶猛的捕食者之一。

一半老虎，一半狮子，这种动物叫什么？将上面带颜色格子中的字母填到下面对应的方格内，你就知道答案了！

答案见第30页。

享受阳光

在夏天，意大利的大部分海滩都禁止携带宠物狗进入。但是罗马附近的巴乌沙滩却是宠物狗的天堂，它们甚至可以在那里拿到狗专用的毛巾和遮阳伞。

请将下面的四幅网格图补充完整，注意：每一幅网格图只能包含四种符号，每一行、每一列和每一个小田字网格里的符号都不能重复。

你能在景网的场中找到所有符号吗？下面图格中

答案见第31页。

不速之客

想象一下，如果你吃早餐时，餐桌边突然出现一位长着爪子和长毛的巨型不速之客，你该怎么办？

参照解码表，破解下面的图案代码，再利用英文字典了解故事大意，说一说故事中的主人公发生了什么事。

这是真的吗？

在印度，有一只可以下水捕鱼的猫，它长着蹼和防水皮毛。

在 ▢▢▢▢▢▢ ，一位妇女走进

▢▢▢▢▢▢▢ 的时候，被吓了一跳。她看到一只

▢▢▢▢ 正在喝 ▢▢▢▢▢▢▢▢ ！这只

▢▢▢▢ 自己找了一只装着 ▢▢▢▢▢▢▢ 的

▢▢▢▢▢▢▢▢▢ 。这位妇女只好报告了

▢▢▢▢▢ 。最后，来了三名 ▢▢▢▢▢▢▢▢▢ ，

把这只 ▢▢▢▢▢▢ 带到了安全的地方。

答案见第31页。

A	B	C	D	E	F	G	H	I	J	K	L	M
✏️	📱	💡	⭐	🏠	🕶️	👍	🔊	👧	🐦	🤖	🍃	💰
N	**O**	**P**	**Q**	**R**	**S**	**T**	**U**	**V**	**W**	**X**	**Y**	**Z**
🕐	🎒	📖	🛒	🐘	🍯	🍊	🖥️	🍭	🧍	📷	☂️	👦

17

饥饿的企鹅

当南极处于夏季的时候，企鹅常常需要穿越160多千米的冰面去捕食，然后再避开各种危险返回自己的家。

以下图中企鹅的家为起点，避开冰上的裂缝，通过迷宫，到达捕食地。完成后再尝试着返回企鹅的家中，这次要避开它们的天敌海豹。

开饭啦！

答案见第31页。

家总是最温暖的地方！

小贴士

记得用不同的颜色标注出去捕食和回家的路。

美味下午茶

一个流行艺术团体利用不同的画笔，写出了英文童话《爱丽丝梦游仙境》中几乎所有的词汇，并用这些词汇组成了右边这幅漂亮的画。在画中，爱丽丝和三月兔、睡鼠还有疯帽匠正在一起喝茶。

根据图片回答下面的问题，然后查一查字典，把答案对应的英文单词填入方格中。

横排
1. 三月兔有几只耳朵？
2. 三月兔的领结是什么颜色的？
3. 坐在三月兔旁边的是什么动物？
5. 疯帽匠领结上的小圆点是什么颜色的？
7. 爱丽丝坐的椅子是什么颜色的？
8. 疯帽匠戴的是什么帽子？

纵排
1. 三月兔从哪里倒出了喝的东西？
2. 爱丽丝的头发是什么颜色的？
4. 他们喝的是什么？
6. 桌上有几个杯子？

答案见第31页。

19

太空泰迪熊

一群英国学生利用玩具泰迪熊进行了一项科学实验。他们给泰迪熊穿上了特制的航天服，将它们送入了太空，并见证它们完成了"太空行走"。

沿着曲线找一找，看看哪只泰迪熊安全到达了飞船，然后给它们和飞船涂上漂亮的颜色。

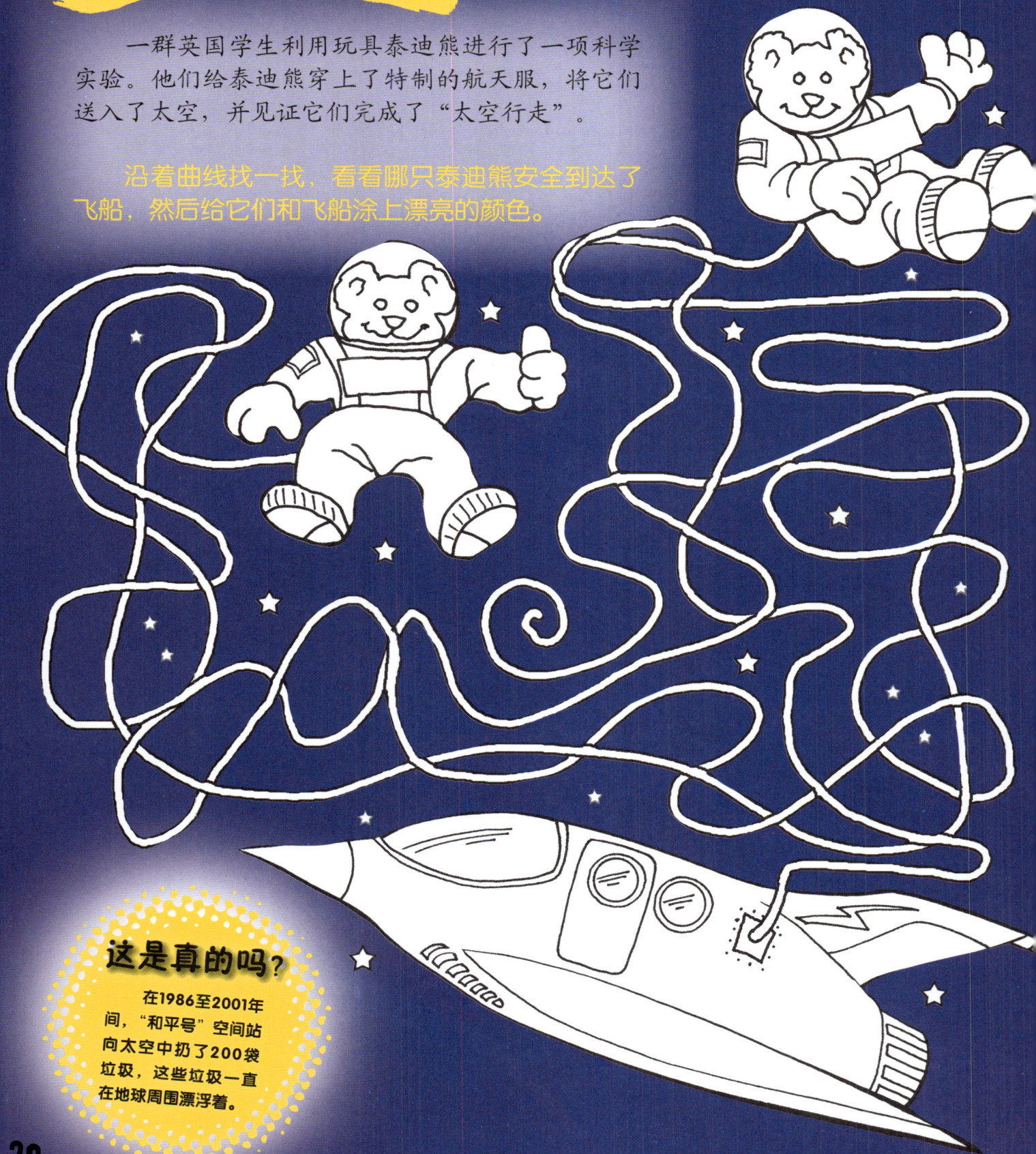

这是真的吗？

在1986至2001年间，"和平号"空间站向太空中扔了200袋垃圾，这些垃圾一直在地球周围漂浮着。

机械恐龙

这只巨型的机械恐龙有12多米高，下巴比霸王龙的要硬7倍。它可以把汽车和飞机捏碎，还可以从鼻孔中喷出6米多的火焰！

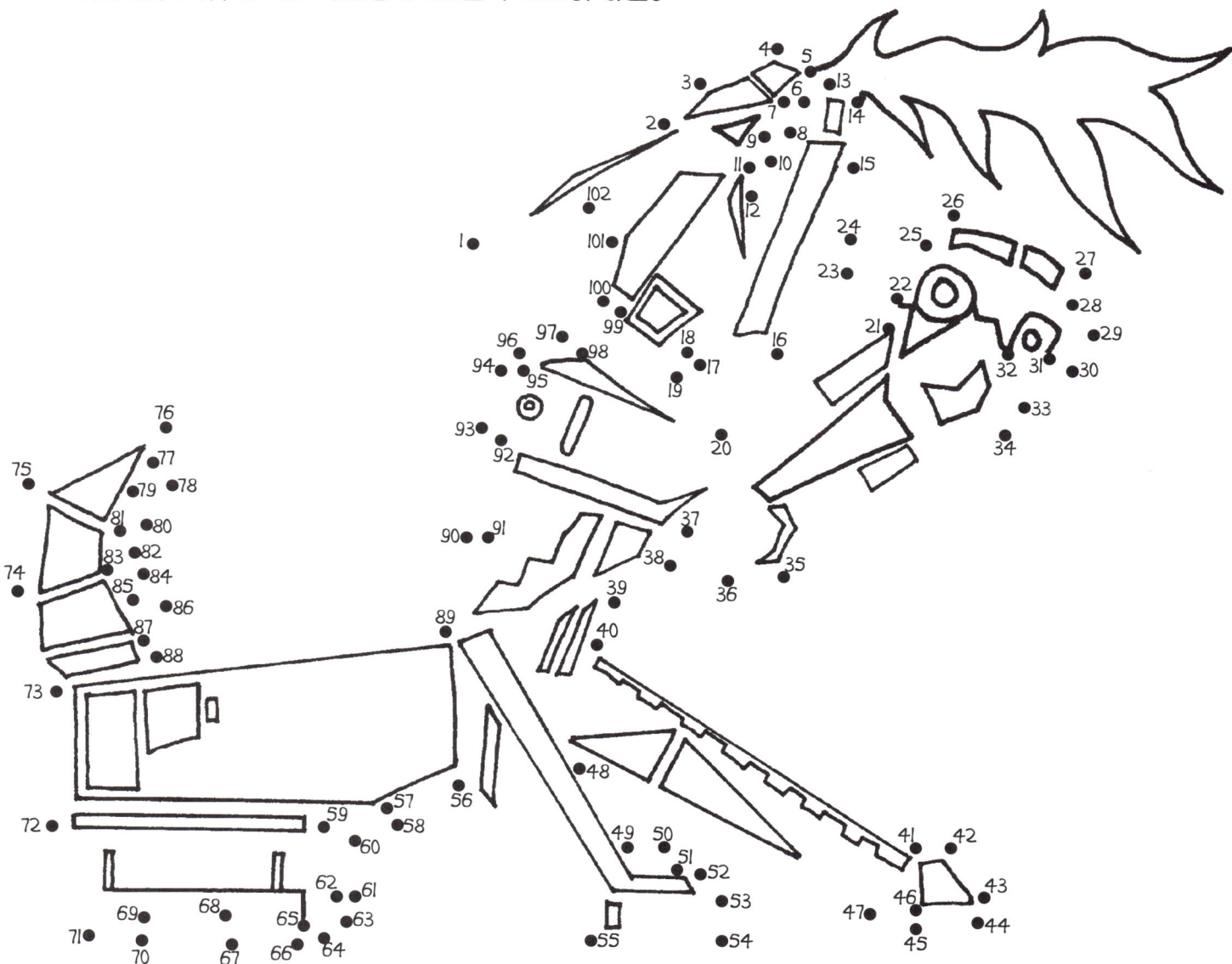

根据数字顺序把圆点连起来，看看这只机械恐龙长什么样子吧！别忘了回答下面的问题。

机械恐龙的手里拿着什么？_____

神奇的太空

答案见第31页。

这是真的吗?

美国的鲍勃·托哈克非常热衷于外星人研究，他甚至还在自己家旁边建造了12米高的平台供飞碟着陆。

每一年，科学家都能在太空中有新的发现。

参照解码表，破解下面的图形代码，再查阅字典，看看太空中都发生了什么有趣的事。

1. 2000年，科学家 了一颗形状很像

———————— ————

的 。太空中那个名叫

————————

的星座应该会觉得这颗小行星很好吃吧?

————————

2. 2009年，为了庆祝登月40周年， 制作了一个巨大的

———— ————

。 这个 里面有经过特殊处理的棉花糖、

———— ————

和

———————————

。

————————

A	B	C	D	E	F	G	H	I	J	K	L	M

N	O	P	Q	R	S	T	U	V	W	X	Y	Z

魔方大挑战

你玩过魔方吗？是不是很难？那来试试这个简单有趣的数独魔方游戏吧！

请将下面的四幅方格图补充完整。注意：每一幅方格图都只包含四种颜色，每一行、每一列和每一个田字方格里都没有重复的颜色。

这是真的吗？

澳大利亚的菲利克斯六秒钟就可以还原一个魔方。他甚至还可以蒙着眼只用一只手还原魔方。

1

2

3

4

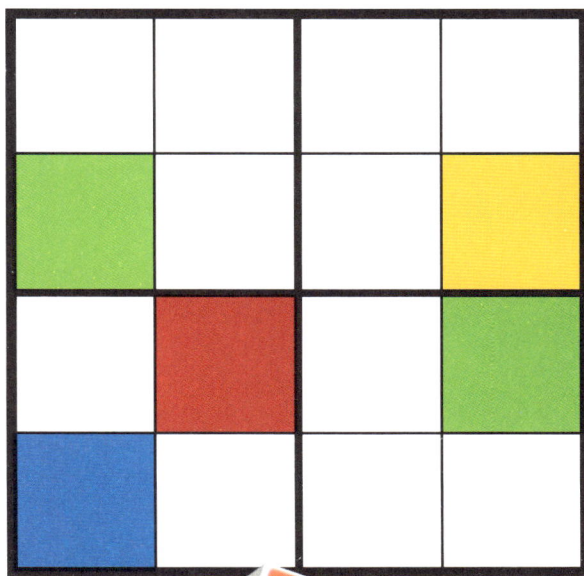

答案见第31页。

23

山顶盛宴

你有过不同凡响的用餐经历吗？下面这个故事中的人们就经历过一次特别的盛宴，一起读一读这个故事吧！

故事中的这些图案用英文单词应该怎么表达？借助英文字典，将单词填在横线上，再读一读这些单词吧！

2004年5月，一群登山者穿上了正装，戴上了 ，带着

_____

桌子和 ，爬上了 上最高的

_____

——珠穆朗玛峰。他们还带着桌布、 、

_____

酒杯和烛台，准备举行一场高处的正式晚宴。大家好不容易坐下来，品尝鱼子酱、

、 布丁

_____

还有 。当然，这还不是举办地点最高的晚宴。2005年6月，

_____

贝尔·格里尔斯曾在近7500米高空中的 上举行了一次晚宴。

_____

扭动的章鱼

新西兰的一家水族馆里有一只名叫奥第的章鱼，它可以自己用触手打开罐子，把罐子里的东西吃掉。

下面这五个小方格是从奥第的照片中取出来的，其中有一些被旋转了。在照片中找到它们的位置，然后根据第一个方格的示例，在横线上写上对应的坐标。

这是真的吗？

在2007年，一位渔夫在新西兰以南的南极水域抓住了一条重400多千克、长近12米的巨型鱿鱼。

   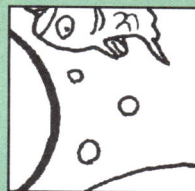 

(F, 4) ....

答案见第31页。

与河马同居

想象一下，和一头1吨重、每天要吃80千克食物的小河马住在一起会怎么样？南非的公园护林员朱伯特和他的妻子雪莉就碰到了这样的事情。

十多年前，朱伯特夫妇在河岸边捡到了一只刚出生没几个小时的小河马，它和它的妈妈在洪水中被冲散了。

野生河马至少要跟它们的妈妈一起生活四年才能独立，所以朱伯特夫妇将小河马带回了家，并给它取名叫杰西卡。那时候，这只小河马还只有大约15千克重。

他们给这只小河马做按摩，在它还没长得很大之前，还允许它在房子里散步，虽然它把床弄坏过三次！

后来，杰西卡回到了野生河马的家族中。不过，它跟它的养父母还是非常亲密。朱伯特夫妇常常旅行回来，就发现杰西卡正躺在屋子边上等着吃饭。杰西卡有时候也会在屋子里，它可以待在厨房和客厅，每天还可以喝上近10升的咖啡。

被发现时独自在河岸边的杰西卡

这是真的吗？

像朱伯特夫妇这样，养一些奇特宠物的人有很多——南非的蕾安娜就养着九只非洲猎豹、两只狼、一只美洲虎、一只狮子和三只狗。

喝完10升咖啡后休息一会儿！

哎呀！

这床不够大。

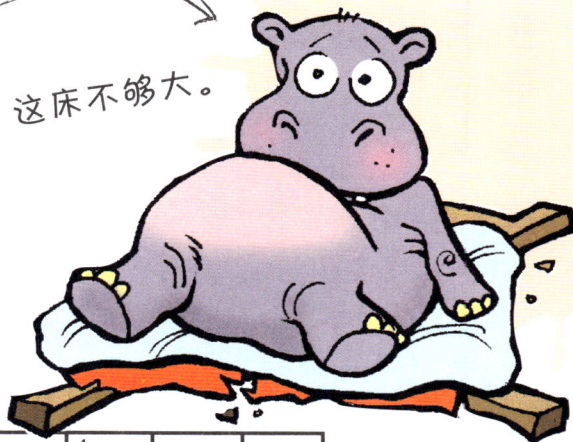

现在我们来考考你对杰西卡了解多少。请回答问题，并借助英文字典，将答案对应的英语单词填在下面的方格中。

记住满嘴食物时不要说话！

纵排

1. 在房子中杰西卡现在还可以去的地方。
2. 现在杰西卡在哪个国家？
4. 哪个亲人在杰西卡生下来不久就离开了它？
5. 杰西卡每天喝的饮料是什么？

答案见第31页。

横排

3. "hippo"是哪个单词的缩写？
6. 哪个家具被杰西卡弄坏了三次？
7. 小河马和它们的妈妈要待在一起几年？
8. 当杰西卡第一次来住的时候，朱伯特夫妇给它做了什么？

动物知识解密

根据下面的解码表，破解符号代码，然后借助英文字典，读一读下面的趣味动物知识。

在第31页检查你破解的代码是否正确吧！

1. 当一只 〓〓〓〓〓〓〓 找到合适的

———————

〓〓〓〓〓〓〓 时，它会飞回 〓〓〓〓，

——————————   ————

然后开始 〓〓〓〓〓 。 它们飞 〓〓 飞

————————

〓〓〓〓 ，告诉同伴们到哪里去 〓〓〓〓

————————————

〓〓〓〓〓〓 的 〓〓〓〓〓 位置。

——————————————

2. 〓〓〓〓〓〓〓 睡觉时睁一只眼闭一只眼。

—————————

A	B	C	D	E	F	G	H	I	J	K	L	M

N	O	P	Q	R	S	T	U	V	W	X	Y	Z

最慢的赛跑

每一年，蜗牛赛跑世界杯都会在英国举行。比赛时，蜗牛会从一个圆圈的中心向外爬到边缘。放心眨眼好了，你不会错过任何精彩瞬间的！

下面这群蜗牛正准备决一雌雄呢！顺着它们走过的路线，找出它们获得的名次，填在对应的方格里，并把冠军的名字写在横线上。

这是真的吗？

你愿意让蜗牛爬在你脸上吗？11岁的凯莱赫就曾让43只蜗牛同时爬在他的脸上。

布赖恩

西德尼

斯皮迪

第三名

第一名

第六名

第五名

第二名

第四名

哈里

阿尔奇

火箭人

谁是冠军？

答案

疯狂的运动 第3页

高尔夫 GOLF
自行车 BIKE
溜冰 SKATING
SURFING 冲浪
TENNIS 网球
BALL
CIRCKET 板球
SAILING 帆船运动
BASEBALL 棒球
足球
FOOTBALL

巨型甜甜圈 第5页

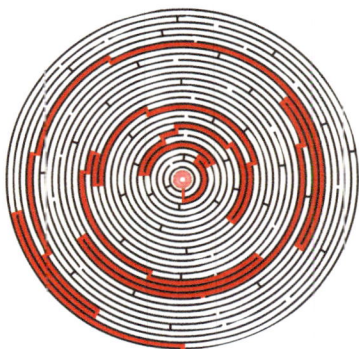

啄木鸟之谜 第6页

科学家们发现饥饿的啄木鸟在航天飞机"探险者号"油箱的泡沫绝缘层上啄出了200多个洞。后来，美国国家航空和航天局的一名工作人员去买了6只塑料猫头鹰吓走了这些啄木鸟。

一起来刷牙 第8页

1800种。

疯狂马戏团 第9页

老鼠

仓鼠趣闻 第10~11页

图1
康明斯一家搬家的时候，他们的宠物仓鼠不见了。

图2
几年后，他们又搬家了，但他们还是没有找到他们的仓鼠。

图3
当他们搬沙发的时候，发现仓鼠把沙发当成了自己的窝。

图4
它晚上偷偷摸摸地出来，吃别的宠物食盆里的东西。

食物大比拼 第12页

中国 —— 燕窝汤
意大利 —— 卡苏马苏
柬埔寨 —— 油炸蜘蛛
印度尼西亚 —— 麝香猫咖啡

想逃跑的熊 第13页

终点
起点

趣味动物谜语 第15页

①蛇 SNAKE
②大象
③狮子 LION
④河马 HIPPO
⑤鲸 WHALE
⑥老虎 TIGER
⑦鲨鱼 SHARK
⑧鹰

狮虎 LIGER

享受阳光　第16页

不速之客　第17页

Canada-加拿大
bear-熊
oatmeal-燕麦片
police-警察
animal-动物

kitchen-厨房
porridge-粥
container-容器
officers-警员

饥饿的企鹅　第18页

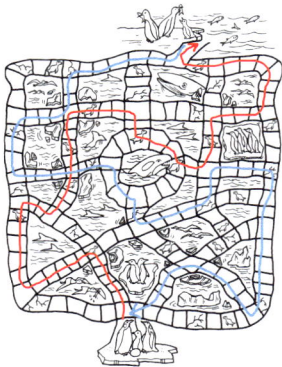

红线是它们去捕食的路线。

蓝线是它们回家的路线。

美味下午茶　第19页

①二 TWO
②蓝色 BLUE
④茶 ③睡鼠 DORMOUSE
⑤红色 RED
⑥八 ⑥全色 茶壶
⑦绿色 GREEN
⑧礼帽 TOPHAT

机械恐龙　第21页

机械恐龙正拿着一辆车。

神奇的太空　第22页

found-发现
asteroid-小行星
NASA-美国国家航空和航天局
pie-馅饼
crackers-饼干

dog bone-狗骨头
Great Dog-大犬座
moon pie-月亮馅饼
giant-巨型
chocolate-巧克力

魔方大挑战　第23页

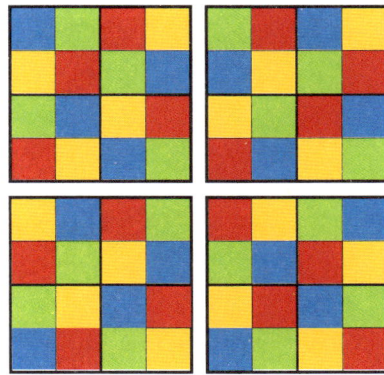

山顶盛宴　第24页

top hat-礼帽
chairs-椅子
world-世界
mountain-山峰
plates-盘子
duck-鸭肉
chocolate-巧克力
cheese-芝士
hot air balloon-热气球

扭动的章鱼　第25页

(F, 4)　(E, 3)　(D, 1)　(A, 3)　(B, 2)

与河马同居　第26～27页

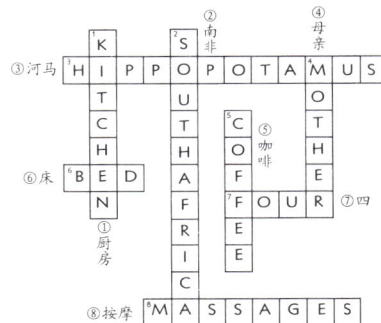

②南非
④母亲
③河马 HIPPOPOTAMUS
⑤咖啡 COFFEE
⑥床 BED
①厨房 FOUR ⑦四
⑧按摩 MASSAGES

动物知识解密　第28页

honeybee-蜜蜂
hive-蜂巢
up-上
find-找
dolphin-海豚

flowers-花
dance-跳舞
down-下
exact-准确的

图书在版编目（ＣＩＰ）数据

让你跌破眼镜的游戏 / 美国雷普利公司编；曹春霞
译. -- 杭州：浙江少年儿童出版社，2016.11
（这是真的吗）
ISBN 978-7-5342-9483-9

Ⅰ.①让… Ⅱ.①美… ②曹… Ⅲ.①智力游戏一少
儿读物 Ⅳ.①G898.2

中国版本图书馆CIP数据核字(2016)第183916号

责任编辑：刘　蕊
文字编辑：金　超
美术编辑：吴　珩　柳红夏
封面设计：宸唐工作室
责任校对：冯季庆
责任印制：吕　鑫
版权策划：上海淘乐思文化传播有限公司

这是真的吗
让你跌破眼镜的游戏
RANG NI DIEPOYANJING DE YOUXI
[美]雷普利公司　编　曹春霞　译

浙江少年儿童出版社出版发行
杭州市天目山路40号　310013
深圳市福圣印刷有限公司印刷
全国各地新华书店经销
开本　889mm×1194mm　1/16
印张　2　字数　25000
印数　1-10120
2016年11月第1版
2016年11月第1次印刷
ISBN 978-7-5342-9483-9
定价：15.00元
（如有印装质量问题，影响阅读，请与承印厂联系调换）